AF309863

LETTRE

DE

BARNEVELT.

ye 20448

LETTRE DE BARNEVELT DANS SA PRISON, *A TRUMAN* SON AMI,

PRÉCÉDÉE D'UNE LETTRE DE L'AUTEUR.

QUATRIEME ÉDITION.

A PARIS,

Chez Bauche, quai des Augustins.

DE L'IMPRIMERIE DE L. CELLOT, 1766.

Avec Approbation.

LETTRE DE L'AUTEUR.

LA différence des occupations, des sociétés & des plaisirs nous éloigne pour un temps l'un de l'autre : mais nos ames s'entendent, se répondent ; & cette délicieuse correspondance est un des charmes de ma solitude. Les vrais amis ne sont jamais séparés. Malheur aux êtres froids & bornés, dont l'union dépendroit des temps & des lieux !

Tu te rappelles que, dans un de ces momens où nos esprits s'épanchoient avec nos cœurs, où nos idées & nos sentimens se confondoient, je te fis part de mes réflexions sur le MARCHAND DE LONDRES. Je venois de le lire : j'étois encore tout brûlant de l'impression qu'il m'avoit faite : j'éprouvois le besoin d'écrire; befoin impérieux, lorfqu'il naît de la fenfibilité. Tu me confeillas de traiter ce fujet, qui manque à notre théâtre. Échauffé par tes avis, je m'enfonçai dans le cahos de la piece angloife; car c'eft ainfi que j'appelle un ouvrage où rien n'eft préparé, motivé, juftifié, & dont les grands traits reffemblent à ces étincelles qui difparoiffent dans des tourbillons de fumée.

Je fus effrayé à chaque pas de la difficulté de mon projet. En effet, fouffriroit-on fur notre fcene un enchaînement de crimes auffi révoltans, une fuite de tableaux où l'intérêt doit toujours naître de la terreur? Souffriroit-on un monftre tel que Milvoud, ne refpirant que baffeffes, qu'affaffinats, conduifant le poignard dans le fein d'un homme vertueux,

& faifant traîner fur l'échafaud l'infortuné qu'elle a rendu coupable ? J'entends
d'ici le cri de l'indignation publique repouffer cette furie, & interrompre cet
affreux fpeċtacle. Voilà pourtant le fond
du drame anglois. Voilà ce qui a intéreffé, pendant quarante repréfentations
de fuite, une Nation refpeċtable. C'eft
qu'elle eft fenfible aux beautés, & ne
calcule point les défauts; c'eft que les
feuls adieux de Truman & de fon ami
ont dû juftifier l'ivreffe de tout un peuple, & ce délire des cœurs qui ne fe rétraċtent jamais.

Le génie anglois reffemble à la nature:
il eft fublime & inégal comme elle. Le
peuple, qui voit avec plaifir des foffoyeurs remuer des offemens & plaifanter fur des tombeaux, après avoir ad

miré les nobles & étonnantes fcenes de
Hamlet, de la mort de Céfar, de Ju-
liette, &c. ce peuple définit lui-même
fon goût & fon caractere. Il lui faut des
tableaux énergiques, à quelque prix que
ce foit. Il faut émouvoir puiffamment
cette ame fombre & mélancolique, ré-
pandue, pour ainfi dire, fur toute la nation. Ainfi difpofé, il excufe tous les
moyens qui produifent de grands effets.
Rien ne lui paroît abfurde, quand il pleure
ou qu'il frémit, & c'eft toujours par
dédain qu'il critique.

Le génie des François eft d'une com-
plexion, fi j'ofe le dire, plus foible, plus
délicate, plus fufceptible; ils veulent fur
la fcene une nature choifie, & par con-
féquent altérée. Je ne fais quel fantôme
de perfection a privé notre théâtre de

mille

mille beautés que n'a point manqué de saisir l'audace sublime de nos voisins. Notre ame, qui s'ouvre volontiers à une sensibilité douce, se refuse au charme de la terreur. Et qu'espérer, pour les progrès de la tragédie, d'une Nation qui applaudit tous les jours aux éclairs du bel esprit, & ne peut se familiariser avec la coupe d'Atrée ?

Tu m'avoueras qu'avec de pareils juges, qui ont toute la délicatesse & toute la timidité du goût, il est difficile de rien hasarder. Je pouvois, me diras-tu, m'écarter de mon original, supprimer ce que j'y trouve de défectueux, & n'en montrer que le côté brillant. Voilà justement, mon ami, ce que je ne pouvois pas faire. La Tragédie de Barnevelt (*)

(*) J'ai changé l'ortographe de ce nom, afin d'en faciliter la prononciation.

B

a befoin de fes défauts : fes beautés y tiennent, en font inféparables. Tranfportez Milvould derrière la fcène, vous ôtez au tableau fa couleur, fa vie, cette teinte fombre qui le caractérife, ces contraftes qui le mettent dans fon jour ; & c'eft cette Milvoud qui, à coup fûr, révolteroit nos fpectateurs.

Cependant je n'ai point renoncé tout-à-fait à mon premier plan : j'ai imaginé une Lettre de Barnevelt à fon ami ; je te l'envoie : j'ai tâché d'y renfermer ce que mon fujet m'a offert de plus intéreffant. J'ai donné des motifs à Barnevelt, fi cependant il peut en être pour le crime. On pardonnera fans doute au récit, ce que n'auroit pu fouffrir la repréfentation.

Ch. Eisen inv.
De Longueil Sculp

LETTRE

DE

BARNEVELT.

C'est du fond d'un cachot que Barnevelt en pleurs
Fait passer jusqu'à toi ses profondes douleurs :
Barnevelt, ton ami, mais indigne de l'être,
Et dont tu vas rougir, quand tu vas le connoître ;
Barnevelt !.. ton ami !.. Que ce nom, cher Truman,
Déshonoré par moi, redouble mon tourment !
Hélas ! il fit long-tems ma gloire & mes délices :
Les plus doux souvenirs sont pour moi des supplices.

Mais par où commencer ? Ma défaillante main
Pourra-t-elle à tes yeux retracer mon destin,
Te traîner sur mes pas au fond de cet abîme,
Et verser dans ton cœur l'amertume du crime ?
Tes jours purs & sereins s'écoulent dans la paix :
Irai-je les fouiller du récit des forfaits ?
Infortuné ! . . . Du moins gémissons en silence ;
Respectons le bonheur que goûte l'innocence.

Que dis-je ? cette voix qui dans tout l'univers
Éclate & retentit en mille échos divers,
Viendroit te répéter, au sein de ta retraite,
Quels font mes attentats, quel supplice on m'apprête !
Elle diroit le crime, & tairoit le remord.
Moi-même, en frémissant, je t'apprendrai mon sort ;
A cet affreux tableau je trouverai des charmes :
Coupable & malheureux, j'ai des droits à tes larmes.

Sois donc instruit de tout : avant que le printemps
T'eût, loin de ton ami, rappellé dans tes champs,

Mon cœur te fut ouvert, tu connus ma maîtreffe ;

O ! mon ami, toi-même approuvas ma tendreffe.

» Cher Barnevelt, je pars, fois heureux, me dis-tu :

» Un innocent amour ajoute à la vertu ».

EH ! quels cœurs froids & durs, c’eft toi que j’en attefte,

N’euffent point adoré cette Beauté funefte ?

Jeuneffe, éclat, fraîcheur, mille appas raviffans,

N’étoient point à mes yeux fes traits les plus puiffans.

De l’infortune même elle empruntoit fes armes,

Et devoit à fes pleurs encor plus qu’à fes charmes.

Tu dois t’en fouvenir : dans un lieu retiré,

Afyle ténébreux & de Londre ignoré,

Elle enfeveliffoit l’aurore de fa vie.

Au fein de l’indigence & de l’ignominie

Elle fembloit garder une noble fierté,

Et ne point foupçonner l’abus de la beauté.

Je crus trouver l’objet digne enfin de ma flâme :

Je lui vouai mes foins, je lui livrai mon ame :

Cette ame jeune encore, où régnoit la candeur :

Cette ame tendre & pure, avide de bonheur.

Combien j'aimois Fani! combien j'étois fincère!

Comme j'étudiois les moyens de lui plaire!

Je lui facrifiois... jufques à mes defirs:

Je partageois fes maux: c'étoient là mes plaifirs.

Hé bien, cette Fani... tout mon corps en friffonne.

Cette même Fani... la force m'abandonne....

Cet objet, fi facré pour mon cœur éperdu,

Idolâtré par moi, c'eft lui qui m'a perdu.

Tu vas frémir d'horreur: l'enchantereffe à peine

De mon être foumis fe fentit fouveraine:

Elle jura ma perte, & déja fon orgueil

Voyoit dans l'avenir fon trône & mon cercueil.

J'apportois à fes pieds, ne pouvant davantage,

Le fruit de mes travaux, fimple mais pur hommage.

Ces fecours dans Fani redoubloient ce defir,

Ce befoin de briller, de tout affujettir,

Ces élans inquiets vers ce pouvoir fuprême,

Qu'un fexe ambitieux préfere à l'amour même;

Et moi, qui faisois tout pour vaincre son malheur,
De ses mortels ennuis je me croyois l'auteur :
Oui, je m'en accusois : jusqu'au fond de mon ame
La perfide observoit les degrés de ma flâme.
Sa douleur à mes yeux croissoit de jour en jour,
Et d'un secret reproche accabloit mon amour.
Il est donc des momens, où, penché vers l'abîme,
Malgré lui l'homme tombe entre les bras du crime !
Quand l'amour a parlé, quel cœur est combattu ?
Tout ce qu'on fait pour lui, se transforme en vertu.
Je ne vis que Fani, sa tristesse, ses larmes :
Cette nuit flétrissante, où se perdoient ses charmes.
Je ne pus supporter ce tableau douloureux,
Et, prêt à m'avilir, je me crus généreux.

LE sage Sorogoud, ce frère de mon père,
Commerçant respectable, à l'État nécessaire,
De ses travaux sur moi se reposant alors,
Laissoit entre mes mains circuler ses trésors.
J'osai les détourner ! grand Dieu ! pour quel usage !

Fani le commandoit... oui, ce fut son ouvrage.

Je lui portai soudain, pâle, glacé d’horreur,

Cet or, cet or fatal... payé de mon honneur!

DE l’art ingénieux la magique imposture

Releva dans Fani les dons de la nature:

Elle parut enfin, & fixa tous les vœux.

De ma honte parée, elle éblouit les yeux.

Mon amour en acquit une force nouvelle;

Je respirois l’encens que l’on brûloit pour elle.

Sans cesse mon orgueil se sentoit chatouillé;

Je partageois l’éclat dont elle avoit brillé:

Je me trouvois heureux! port, démarche, sourire,

Elle réunissoit tout ce qui peut séduire,

Animoit, en parlant, tant de charmes muets,

Et par tous les liens m’enchaînoit aux forfaits.

A cet égarement j’abandonnai mon être:

De mes sens enivrés je n’étois plus le maître.

A chaque pas, ami, je trouvois un écueil.

Je

Je dépendois d'un mot, d'un geste, d'un coup d'œil.
De ce sommeil de mort, hélas ! si redoutable,
Oseras-tu prévoir la suite épouvantable ?
Non… cet excès d'horreur ne peut s'imaginer.
J'ai fait… ce que sans crime on ne peut soupçonner.

Sorogoud ignoroit que, bassement avide,
J'avois sur ses trésors porté ma main perfide :
Mais bientôt il apprit quel funeste poison
Embrasoit tous mes sens, & troubloit ma raison.
Sa tendresse en conçut un sinistre présage.
Ce vieillard redoutoit la fougue de mon âge,
Un cœur simple, facile, aisément abattu,
Enclin à la foiblesse, ainsi qu'à la vertu ;
Le feu des passions, allumé dans mes veines ;
La beauté de l'objet dont je portois les chaînes ;
Et, voulant me sauver de ses pieges secrets,
Il briguoit le pouvoir d'éloigner ses attraits.

Fani l'apprend, je vole : elle s'offre à ma vue,

L'œil de larmes noyé, sur son lit étendue,

La pâleur sur le front, dans ce trouble enchanteur,

Avec tous ces appas, qu'embellit la douleur.

Elle me tend les bras, me remplit de sa flâme ;

L'ardeur de ses baisers coule au fond de mon ame.

« Barnevelt.. cher amant, dit-elle, je te vois,

» Et je t'embrasse, hélas ! pour la derniere fois... ».

Je les entends encor ces mots si redoutables,

Ces parjures sanglots, & ces soupirs coupables.

Sur le sein de Fani je retombe mourant.

« On veut nous séparer, poursuit-elle en pleurant ;

» Tout est fini pour moi... Sorogoud... ce barbare..

» Ce monstre veut ma mort ! demain il nous sépare » !

« O forfait ! m'écriai-je : il faut le prévenir.

» Dis quels sont mes devoirs, & je cours les remplir.

» Qu'il me traite en esclave, & s'il veut, en victime,

» L'Amour seul est mon dieu, c'est lui seul qui m'anime ;

» C'est lui seul que j'écoute. Hé bien, entends sa voix,

» Reprit-elle ; il te parle ; il te dicte ses loix.

» Mais ne perds point de temps : demain, si tu differes,

» On éleve entre nous d'éternelles barrieres.

» Plus de Fani pour toi ; pour moi plus de vengeur.

» Préviens ce coup affreux, préviens notre malheur,

» Mon trépas & le tien. La nuit paroît moins sombre ;

» Un foible jour s'échappe, & pénetre dans l'ombre ;

» Tu sçais que Sorogoud se rend chaque matin

» Dans ce bois solitaire & de ces lieux voisin,

» Où sans doute son cœur médite ma ruine.

» Va, qu'il y trouve seul la mort qu'il nous destine.

» Ose tout, saisis-toi de ces trésors secrets

» Qui, sur lui déposés, ne le quittent jamais :

» Pour fuir en sûreté ce dangereux asyle,

» Ainsi que son trépas, son or nous est utile.

» Prends ce masque & ce fer ; va, cours, frappe, & soudain

» Toute entiere à toi seul, je me jette en ton sein ;

» Je t'obéis, te suis aux plus lointains rivages,

» A travers les rochers, dans des antres sauvages.

» Je veux créer pour toi, soumise à tes desirs,

» Un nouvel art d'aimer, & de nouveaux plaisirs :

C ij

» Je veux, fermant ton ame aux cris de la victime,

» Dans l'excès de mes feux anéantir ton crime :

» Mais frémis ; si jamais, foible & timide amant,

» Tu m'ofes préférer l'auteur de mon tourment,

» Si tu crains de verfer un fang que je détefte,

» Pour répandre le mien, cet autre fer me refte ».

O cher Truman, peins-toi ton malheureux ami,

Foudroyé par ces mots, refpirant à demi,

Cherchant en vain fa voix dans les fanglots mourante,

Renverfé dans les bras de fa cruelle amante,

Qui joignoit la tendreffe à ces inftants d'horreur,

Et les feux de l'amour à ceux de la fureur :

Peins-toi, fi tu le peux, cette effrayante fcène ;

Ce trouble, ces tranfports d'une femme inhumaine ;

Ce lit, ce lit fatal, d'une lampe éclairé,

Et ce double poignard par Fani préparé.

Que te dirai-je enfin ? attendri par fes larmes,

Échauffé par fa rage, entraîné par fes charmes,

Ses menaces, fes cris... Je promis tout... Ah Dieux !

Fani, dans ces momens, me force d'être heureux;
Avant de l'égorger, enivre la victime,
Et son dernier baiser est le signal du crime.

ELLE voile mes traits, elle enhardit mon bras;
D'une main assurée. elle conduit mes pas.
Enfin, dans un farouche & ténébreux silence,
Je sors, marche au hasard, frémis, pleure, balance.
Si dans mon désespoir je souleve mes yeux,
Chaque objet que je vois m'est un présage affreux.
Le soleil à regret commençoit sa carrière,
Un nuage de sang me voiloit sa lumière.
La terre gémissoit, des torrents sous mes pas
Murmuroient les accens de meurtres, d'attentats:
Tout me sembloit flétri de mon haleine impure;
L'aspect d'un assassin consternoit la nature.
Tant le Dieu qui punit les crimes des humains,
Chérit les jours du sage, & veille à ses destins!
C'est un dépôt sacré qu'à la terre il confie;
Tout se trouble au moment qu'on attente à sa vie:

On brife, en le frappant, les liens les plus chers;
Et fa perte eft toujours un deuil pour l'univers.

J'ENTRE enfin dans ce bois, pour moi feul formidable,
Afyle accoutumé d'un vieillard refpectable.
Je l'apperçois: le front élevé vers les cieux,
Au Monarque fuprème il adreffoit des vœux.
Il offroit un cœur pur, une longue fageffe,
Ce calme attendriffant d'une heureufe vieilleffe;
L'ufage de fes biens, fans remord amaffés,
Au fein des malheureux par lui-même verfés:
Soixante ans de travaux! Qu'il me parut augufte!
Que le coupable fouffre en préfence du jufte!
D'avance je fentis tous ces tourmens fecrets,
Et ce déchirement qui fuit les grands forfaits.
Près d'un arbre appuyant ma démarche tremblante,
Le fer tomba vingt fois de ma main défaillante;
Contre mon fein vingt fois je voulus le tourner:
Je crus loin de ce lieu me fentir entraîner:
Mais de Fani bientôt la menaçante image

S'offrit à mes regards, & me rendit ma rage.

Oui, je croyois la voir, un poignard à la main,

Errer autour de moi, se découvrir le sein;

Me dire : frappe, lâche, ou j'expire à ta vue.

Ces mots retentissoient dans mon ame éperdue.

Ce fantôme chéri guidoit, pressoit mes pas;

Vainqueur de mes remords, il affermit mon bras.

Ne voyant que Fani, respirant sa vengeance,

Furieux un instant.... O Truman, je m'élance,

Je vole, & dans les flancs de ce foible vieillard

Ma main dénaturée enfonce le poignard.

Il jette un cri, succombe, & d'une voix mourante,

« Dieu, quel réveil, dit-il, pour toi plein d'épouvante,

» O mon cher Barnevelt! loin de moi que fais-tu?

» Dans ces cruels momens tu m'aurois défendu.

» Dieu, veille sur ses jours, veille sur sa jeunesse,

» Et d'un semblable sort préserve sa vieillesse ».

JE veux fuir, & ne puis : tremblant de toute part,

De moi-même effrayé, je jette mon poignard,

Je découvre mes traits : des pleurs trop inutiles

Coulent à longs ruisseaux de mes yeux immobiles.

Je ne puis m'arracher de cet objet affreux ;

J'approche, & vais tomber sur ce corps malheureux.

SOROGOUD ouvre à peine une foible paupiere ;

Il se voit soulagé d'une main meurtriere,

Il reconnoît la mienne ; & s'arrêtant sur moi,

Son œil peint la tendresse encor plus que l'effroi.

« Est-ce toi, Barnevelt, me dit-il sans colere ?

» Eh ! que t'avois-je fait … que te servir de pere » ?

Contre son sein alors il vouloit me presser,

Et son errante main cherchoit à m'embrasser.

Ma bouche en sanglottant s'attache à sa blessure,

De son sang qui bouillonne & sort avec murmure

Je comprime les flots, j'en repais ma douleur ;

Et des flots de ce sang ont coulé dans mon cœur.

Secours vains & tardifs ! Ses membres se roidissent,

Sa main me quitte, tombe, & ses yeux s'obscurcissent ;

Sa lamentable voix exhale un dernier son,

Et

Et ſe ranime encor pour ſceller mon pardon.

Dans cet effort ſublime il s'épuiſe, il expire;

Il meurt entre mes bras; il meurt!... & je reſpire!

LES cheveux hériſſés, chancelant, égaré,

Enfin j'abandonnai ce cadavre ſacré.

La barbare Fani réclamoit ſa victime :

En tribut à ſes pieds je cours porter mon crime.

Au comble des forfaits, au comble de l'horreur,

J'entrevoyois encor un rayon de bonheur.

Si j'étois parricide, au moins c'étoit pour elle;

Et, pleurant Sorogoud, j'adorois la cruelle.

A peine elle me voit, le bras enſanglanté :

« C'en eſt donc fait, dit-elle, & le coup eſt porté ?

» Viens... ſuis-moi... mais où ſont les tréſors du perfide ?

» Ses tréſors, m'écriai-je ! arrête... au parricide

» Joindre le ſacrilege ! Ah ! Fani, laiſſe-moi...

» Ne me demande rien... reſpecte mon effroi....

» Vois ce ſang, vois mes pleurs....» Déja cette furie

D

Pâlit de mes remords, & tremble pour sa vie,
Tremble d'être surprise avec un assassin.
O fureur inouie ! exécrable dessein !
Pleine d'une horreur feinte, inquiete, éperdue,
Elle fuit, un moment elle échappe à ma vue.
Coupable par l'amour, & par l'amour puni,
On vient, on me saisit par l'ordre de Fani.
Je voulois lui parler, & ma langue glacée
Refusoit son organe à mon ame oppressée.
Je restois immobile, & je crus quelque temps
Que de noires vapeurs se jouoient de mes sens.
Je tâchois d'excuser cette femme inhumaine.
On me charge de fers, à ses yeux on m'entraîne.
Ah ! Fani, m'écriai-je, en lui tendant les bras ;
Ah ! Fani... Je sortis & ne l'accusai pas.

PARDONNE, cher Truman, ce récit effroyable.
Pardonne... je pouvois devenir plus coupable.
Non, tu ne conçois pas quelle étoit mon erreur ;
L'excès de mon amour, l'excès de ma fureur,

Cet abandonnement, cette fatale yvreſſe,
Cette fievre des ſens, que je nommois tendreſſe.
Nourri de jour en jour par un monſtre adoré,
Ce penchant infernal m'avoit dénaturé.
J'avois reçu des Cieux quelques vertus peut-être :
Fani d'un regard ſeul faiſoit tout diſparoître.
Si dans ſes noirs accès Fani l'eût ordonné,
Toi-même, ô mon ami, je t'euſſe aſſaſſiné.

ÉPOUVANTABLE aveu ! mais que j'ai dû te faire !
Tels ſont mes attentats ; j'en reçois le ſalaire.
La douleur dans mon ame entre par tous mes ſens ;
Je ſuis environné de ſpectres menaçans.
Pour moi, toujours rongé de ſerpens inviſibles,
D'horribles jours ſont place à des nuits plus horribles.
Si j'ai quelques inſtans d'un pénible ſommeil,
Soudain ils ſont troublés par l'effroi du réveil.
Je me crois deſcendu dans un profond abîme,
Et pour ſouffrir alors, ma force ſe ranime.
Sorogoud me pourſuit, je l'entens, je le voi :

Sa bleffure toujours fe r'ouvre devant moi ;

Et, dans cette effrayante & lugubre demeure,

Sur la terre étendu, c'eft du fang que je pleure.

Malgré tous mes forfaits, oui, pour ton amitié,

Oui, je ferois encor un objet de pitié.

Ton ame s'ouvriroit à mes douleurs mortelles....

Tes larmes fe joindroient à mes larmes cruelles ;

J'entendrois tes foupirs ; je verrois ta vertu

Soutenir un coupable, à tes pieds abattu ;

Un criminel ami, frémiffant de lui-même,

Qui fut chéri de toi, qui fe repent, qui t'aime ;

Objet infortuné de mépris & d'effroi,

Mais digne cependant d'être pleuré par toi.

Hélas ! fi je pouvois jouir de ta préfence,

D'un moment d'entretien obtenir l'indulgence ;

Toucher encor ta main, & répondre à ta voix,

Me plonger dans ton fein pour la derniere fois,

Te ferrer dans mes bras !... Infenfé ! je m'égare....

Qui, toi ! toi, mon ami ! dans les bras d'un barbare !...

Ah ! ces liens de fer doivent feuls m'embraffer :

La nature m'abhorre, & doit me repouffer.

J'abjure, cher Truman, un souhait qui te blesse.

Eh ! de quel prix pour toi peut être ma tendresse ?

DEMEURE dans tes champs, dans ces paisibles lieux,

Asyles du vrai sage, & du mortel heureux,

Cultivés par toi-même, & que tu rends fertiles,

Où ta main se consacre à des travaux utiles,

Où l'haleine du crime & l'accent du malheur

Ne troublent point tes jours, aussi purs que ton cœur.

Peut-être en cet instant, l'œil serein, l'ame émue

En parcourant des cieux la brillante étendue,

Pénétré de respect, & de joie enflâmé,

Tu bénis en secret l'Être qui t'a formé.

Peut-être, revenu d'un si noble délire,

Tu vois tes chers enfans autour de toi sourire,

Et ta fidelle épouse, assise à tes côtés,

Applaudir à leurs jeux, par toi-même imités.

Hélas ! à ce bonheur j'avois osé prétendre.

Oui, j'aimois dans Fani l'épouse la plus tendre ;

Je méditois deja ces liens fortunés

De deux cœurs l'un à l'autre à jamais enchaînés.

Que je me fuis trompé ! Victime déplorable,

C'est l'attrait des vertus qui m'a rendu coupable.

O célestes plaifirs, qu'autrefois j'entrevis,

Qui te font prodigués, & qui me font ravis !

Va, jouis-en long-temps, ils font ta récompenfe :

Cueille & moiffonne en paix les fruits de l'innocence.

Les malheurs que du fort te gardoit le courroux,

Qu'ils fe joignent aux miens, je les reclame tous !

Qu'ils n'approchent jamais de ton ame fublime !

Les maux font mon partage, ils font faits pour le crime.

Inutiles fouhaits ! Barnevelt, que dis-tu ?

Eh ! peut-on être heureux après t'avoir connu !

Quand on doit partager l'horreur qui t'environne,

Quand on refpire un air que ton crime empoifonne !

Ami, confole-toi, je mourrai vertueux.

Mon ame par degrés s'épure pour les cieux.

J'ofe tout efpérer de l'Arbitre fuprême :

Ses auguftes décrets, qui l'enchaînent lui-même,

Sont toujours à nos yeux d'ombres environnés ;

Les forfaits qu'il punit font déja pardonnés.

MAIS quand viendra l'inftant, pour moi le feul propice,
D'acheter mon trépas par un heureux fupplice !
De livrer aux bourreaux, une fois bienfaifans,
Ce cœur qui, pour renaître, a befoin des tourmens !
Interpretes des loix, en vous je me confie.
Que mon affreufe mort puiffe expier ma vie !
Et puiffe par mon fang, goutte à goutte verfé,
Le fang de Sorogoud être enfin effacé !
Vous auriez à rougir d'une lâche indulgence.
Aux mânes de mon maître il faut une vengeance ;
Il la faut éclatante ; il faut épouvanter
Ces cœurs, ces foibles cœurs qui pourroient m'imiter.

JE crois être à ce jour : cette image fanglante,
Bien loin de m'effrayer, eft pour moi confolante.
Je vois nos citoyens, confufément épars,
Fixer fur Barnevelt leurs avides regards.
Parler, s'interroger, s'indigner de mon crime,
Détefter à la fois & plaindre la victime.
Du voile de la nuit mes tourmens font couverts ;

Ma honte doit paroître aux yeux de l'univers.

Que dis-je ? cette mort flétriffante & cruelle,

La mort des fcélérats, on peut la rendre belle.

Un repentir fincere attendrit tous les cœurs.

Combien de criminels ont fait verfer des pleurs !

Je veux que de ce jour on garde la mémoire ;

Je veux, d'un jour d'opprobre, en faire un jour de gloire ;

Et qu'enfin mon pays juftement combattu,

Puniffant mes forfaits, regrette ma vertu.

O Truman, fi Fani, par qui je fus coupable,

Peut hériter au moins du remord qui m'accable !

Si des rayons fecrets pénétroient dans fon cœur !

Si Fani, quelque jour, expioit fa fureur !

Sur-tout, n'abufe point de cet écrit funefte.

Je fuis loin de nourrir un feu que je détefte ;

Mais la pitié me parle, & j'écoute fa voix :

Moi feul de mon forfait je veux porter le poids.

Que le fien foit voilé d'une nuit éternelle !

Ce cœur qui put l'aimer, ne peut fe venger d'elle.

Ne

Ne sois point généreux & sensible à demi.

Ce sont les derniers vœux que forme ton ami.

Au trépas qui m'attend s'il faut qu'elle me suive,

Crains les gémissemens de mon ombre plaintive.

Un instant ranimé pour ce tourment nouveau,

Je sentirois sa mort dans l'horreur du tombeau.

Ne crois point que Fani, par sa cruelle adresse,

De quelque autre jamais égare la jeunesse :

Son empire est fini : va, n'en redoute rien ;

Il n'est dans l'univers qu'un cœur comme le mien....

LE sien sera changé. Toi, mon Dieu, toi, mon Juge,

La terreur du coupable, & pourtant son refuge,

Tu peux tout réparer. Le plus beau de tes droits

Est de parler aux cœurs, transformés à ta voix.

Parle, agis, dans ses yeux mets deux sources de larmes.

Aurois-tu, pour le crime, assemblé tant de charmes !

Que Barnevelt mourant, que Barnevelt puni

Obtienne par ses pleurs les remords de Fani !

E

MAIS quel bruit de ces lieux interrompt le silence ?

Mon cachot se referme, & vers moi l'on s'avance....

Ah ! si c'étoit la mort que l'on vînt m'annoncer !

Toi, que dans ces momens je ne puis embrasser,

Reçois, mon cher Truman, mes adieux les plus tendres :

Par d'inutiles pleurs ne trouble point mes cendres.

Qu'à l'exemple du mien, ton cœur soit affermi !

Je mourrai trop heureux, si je meurs ton ami.

www.ingramcontent.com/pod-product-compliance
Ingram Content Group UK Ltd.
Pitfield, Milton Keynes, MK11 3LW, UK
UKHW021650090726
13657UKWH00004B/1877